读有所得

中共湖南省委宣传部 指导
《读有所得》编辑部 编

123

湖南文艺出版社

目录

特别推荐

江山就是人民，人民就是江山 （杨栋）/ 一

中国文化复兴之关键 （彭林）/ 五

百年风华

粟裕：大智大勇 奇中取胜 （季清明）/ 八

何叔衡：苏维埃的“一头牛” （王立华）/ 一二

古 典

谏汉桓帝修德政疏 （陈蕃）/ 一七

千秋评说

今人一得：“如果要看前途，一定要看历史”（张太原）

多读一点：陈蕃“扫天下”

美文推荐

梦天 （李贺）/ 二七

浣溪沙 · 泛舟还馀英馆 （毛滂）/ 二八

新经典

在革命中实现我们真正的恋爱 （陈毅安）/ 二九

千秋评说

今人一得：气节随想（许海兵）

多读一点：“无字书”诀别

论气运 （钱穆）/ 三八

千秋评说

今人一得：尽人事，听天命 （肖杨）

多读一点：钱穆的湖与湖上闲思

青年在选择职业时的考虑 （卡尔·马克思）/ 四七

千秋评说

今人一得：小议职业审美形态 （王春雨）

多读一点：少年马克思

让美洲发现自己 （爱德华多·加莱亚诺）/ 五七

千秋评说

今人一得：承认其他文化之美 （韦德·戴维斯）

多读一点：加莱亚诺：拉丁美洲的性情与良心

美文推荐

琅琊山游记 （方令孺）/ 六七

春雨 （约翰·厄普代克）/ 七〇

铁匠 （刘半农）/ 七三

山中的日子 （赫尔曼·黑塞）/ 七五

边走边读

雨中韶山 / 七七

马克思故乡特里尔 / 八二

书 香

《恩格斯〈反杜林论〉导读》 / 八七

《怀人说史》 / 九〇

《瓦下听风》 / 九二

艺术欣赏

旦角之美：形式与内蕴 / 九五

江山就是人民，人民就是江山

◎ 杨栋

习近平总书记在党史学习教育动员大会上指出："历史充分证明，江山就是人民，人民就是江山，人心向背关系党的生死存亡。"从上海石库门到北京天安门的百年行程中，一代代共产党人不忘初心、砥砺奋进，创造了巨龙腾飞、万民康乐的伟大成就，书写了披坚执锐、全面小康的壮丽史诗，将人民至上的价值原则镌刻在历史的天空，以人民为中心成为神州大地上激荡不息的永恒旋律和百年党史中分外耀眼的价值航标。

紧紧依靠人民，是中国共产党人的根基命脉。人类历史诞生于人们的物质资料生产活动，作为生产劳动主体的人民群众无疑是历史的"剧作者”和“剧中人”。他们推动着自然的人化和社会关系的发展变迁，创造了璀璨瑰丽的物质财富和洋洋大观的精神财富。始终扎根人民、紧紧依靠人民，是中国共产党百年行程的显著标志。在风雨如晦的旧中国，我们党根据“两头小中间大”的阶级结构和反帝反封建的革命任务，深入发动工农大众，团结一切进步力量，陆续建立了具有深厚群众基础的革命统一战线、工农民主统一战线、抗日民族统一战线、人民民主统一战线，推动着新民主主义革命不断发展，最终取得了“一唱雄鸡天下白”的伟大胜利。

一切为了人民，是中国共产党人的永恒追求。人民是我们党执政的最深厚基础和最大底气。早在1919年，毛泽东就在《湘江评论》发刊词中指出：“世界什么问题最大？吃饭问题最大。什么力量最强？民众联合的力量最强。”一个政党只有回应民众诉求，满足人民期盼，才能获得人民的拥护和支持，从而拥有众志成城、无坚不摧的巨大力量。从“红船初心”到“两个务必”，从贯彻为民服务宗旨到树牢人民至上理念，我们党的全部理论和实践都以人民福祉为根本出发点和落脚点。革命战争年代，我们党毅然以救国救民为己任，捍卫工农权益，历经28年艰辛奋斗，建立了人民当家作主的新中国。新中国成立后，我们党千方百计维护人民根本利益，不但彻底解决了温饱问题，还实现了从总体小康到全面小康的伟大跨越。

团结各族人民，是中国共产党人的政治自觉。坚持民族平等团结，实现各民族共同繁荣，是马克思主义民族观的基本原则。在俄国革命酝酿和发展过程中，列宁明确提出："我们要求国内各民族绝对平等，并且要求无条件地保护一切少数民族的权利。"中国共产党诞生伊始，就以为各族人民谋幸福为己任，关注少数民族群众的利益诉求，启迪他们的政治觉悟，团结各族儿女共同进行新民主主义革命斗争，留下了宣侠父和黄正清肝胆相照、刘伯承和小叶丹歃血为盟、杨积庆让道放粮等党史不朽佳话。新中国成立后，党和国家把民族平等原则贯穿在全部法律制度和民族工作实践之中，彻底铲除少数民族地区的农奴制、地主制等各种剥削制度，创造性地建立民族区域自治制度，充分保障少数民族群众参与国家和地方事务管理的各项权利，谱写出“弟兄姊妹舞翩跹，歌声唱彻月儿圆”的和谐乐章。

造福世界人民，是中国共产党人的历史担当。马克思主义旨在解决全人类面临的共同问题，无论是“人的社会属性”的思考还是“自由人联合体”的论述，都是“类”视角下的理论探讨。关注人类社会前途命运，谋求人类共同利益福祉，是马克思主义政党与生俱来的政治品格和使命担当。

百年党史，初心在民。以人民为中心是中国共产党百年行程中贯彻始终的价值底色和政治本色，是我们党依靠、团结和带领人民逐梦新征程的根本保障。长风破浪会有时，赢得人民信任，得到人民支持，党就能够克服任何困难，就能够无往而不胜，创造中华民族伟大复兴的新辉煌。

（选自《光明日报》2021年2月23日）

中国文化复兴之关键

◎ 彭林

如今，不少人对“国学”的精神始终不能得其要领。其实，严格意义上的国学，是指一国之学术，一国之学术必有其独特之体系。一国之学术体系，必定是经由长期发展、多方会通、反复汰选，获得学界广泛认可之后方才确立的。中国传统学术体系以经、史、子、集为总纲，所谓《四库全书》《四部丛刊》《四部备要》，皆得名于此。四部之学，以经学为首，即以儒家十三经为主要研究对象的学科。

经学，是承载中国人人生大道的学问，是中国人价值观体系的载体，包括将实现“天下为公”的大同世界作为人类的终极理想，将修身、齐家、治国、平天下作为通向理想社会的阶梯，将“孝”作为修身之初阶，将“和而不同”“己所不欲，勿施于人”等普世价值理念作为社会生活的准则。中国文化的独特个性，主要是通过经学来体现的。经学是中国文化之魂，是中国诸学之定盘针，离开了经学，中国文化将成为满地散钱，不成体系。

我国于近代引进西方大学制度，学科体系效仿西方建立，西方大学没有经学，故中国所有大学都没有经学系，由此，《周易》成了哲学著作，《诗经》成了文学作品，《尚书》成了史学著作，《论语》《孟子》《仪礼》《周礼》等经典更是失去学科归属，皆与传统学术层面发生偏离。习近平同志在纪念孔子诞辰2565周年国际学术研讨会上的致辞，列举儒家文化的十五个重要思想，几乎都出自儒家经典。还经学以学科地位，适其时矣。

一个国家的历史与文化，犹如一棵大树或者一条大河，是一有机整体，不应分割，也无法分割。习近平同志指出，四个自信“其本质是建立在5000多年文明传承基础上的文化自信”；中国传统思想文化“体现着中华民族世世代代在生产生活中形成和传承的世界观、人生观、价值观、审美观等，其中最核心的内容已经成为中华民族最基本的文化基因”。这些讲话，证明传统文化是流淌在中华生命体内的血液，是伟大创造力的源头活水。

传统文化的可贵，在于经世致用，能解决社会问题。中华自古就有礼仪之邦的美誉，礼是按照道德理性制定的行为规范，关乎日常的举手投足、待人接物，礼的核心理念是“敬”，即为他人着想，这是任何时代都不会过时的精神。儒家倡导用礼修身，用德音雅乐谐和心性，既可成就自己的君子风范，同时也使社会更加有序，何乐而不为？

当前，我们面临的国内外局势纷繁复杂，当务之急，是要凝聚海内外最大多数的国民与华人的文化认同，故所有作为都要从实际出发。毋庸置疑，“中华文化”才是海内外中华儿女的最大公约数，具有最广泛的号召力。

（标题为编者所拟，原题《中华本位文化的重建与认同》，文章有删节，选自《人民论坛》2019 年第 36 期）

《特别推荐》编选：龙昌黄

粟裕：大智大勇 奇中取胜

◎ 季清明

1943年至1948年，我有幸在粟裕身边工作5年，经历和见证了苏中、鲁南、孟良崮、济南、淮海和渡江战役等解放战争史上气吞山河的伟大战役。

淮海战役结束后，毛主席兴奋地赞叹道，一锅夹生饭，硬是让你们一口一口地吃下去了，淮海战役粟裕立下第一功。老搭档陈毅这样评论粟裕："刚创造了一个空前的胜利，就被下一个更大的胜利打破了纪录，空前之后又来个空前，接着还有一个空前。"

每一次战役，粟裕必定要亲临前沿，听不到战斗打响的枪炮声，他是绝对不会睡觉的，在战役的布置和实施阶段，他总是废寝忘食。他不吃不睡，在地图前，举着马灯，拿着铅笔，一站就是几个小时。他总有看不完的材料和地图，包括地下党的情报，每一份他都会仔细分析和研究。头疼了，就用毛巾把头包裹起来，热气腾腾的饭菜放在他的面前，他似乎根本感觉不到。

粟裕打仗总是奇中取胜，经常让他的对手晕头转向，惊慌失措，等当了俘虏才如梦初醒！苏中战役中，敌军侵入淮安淮阴后得意忘形，吹嘘“苏北战事已近尾声”。粟裕却指出，撤出两淮绝不是我们军事上的失败，而是对蒋军大规模歼灭战的开始。接着便有了苏中七战七捷，便有了宿北大捷。粟裕轻灵转身，卖个破绽，敌人便一头扎了进去，最后被打得丢盔卸甲，抱头鼠窜。无论是骄横无度、目中无人的敌王牌74师，还是狂妄自大、拥有铁甲利器的敌第一快速纵队，顷刻间灰飞烟灭！

粟裕大将在战场上令敌人胆战心惊，闻风丧胆，可在我们眼中却是心系百姓和士兵的长者。

打孟良崮时，前线指挥所就设在一个被叫作

“千人洞”的小山洞里，我们警卫员想给他找块门板当床用，哪知粟裕的一席话让我们一个个哑口无言。他说：门板是关门用的，不是用来睡觉的，你拿了老乡的门板睡觉，那老乡家敞着大门还睡不睡觉？无奈，我们只得买了些高粱杆和麦秸给他铺了个简易床。

1945年3月，浙西天目山战役后，由于连续作战，部队严重缺粮。粟裕把自己仅有的一点面粉也送往了前线。趁敌人还没来，粟裕命令所有机关人员休整3天，节省体力，共渡难关。而他自己却伏案工作，挑灯夜战。孝丰战斗就是在这样艰苦的情况下，取得了全歼敌52师副师长以下6800多人的骄人战绩。

宿北大捷后，蒋介石发誓要在1个月内彻底消灭共军。黄埔一期高才生马励武披甲挂帅，带领着第一快速纵队，气势汹汹地杀来，并叫嚣：“我马励武一到，定叫共军望风而逃。”马励武仗着拥有铁甲利器，没把装备落后的共产党军队放在眼里，长驱直入，在卞庄与太子堂之间安营扎寨，杀猪宰羊欢宴过年。

此时，在粟裕的作战地图上有一个红色的大叉，就打在敌整编26师和第一快速纵队的所在地。粟裕坚定地说："就打他！他过年，我们也过年。"

经过一番激战，敌51师的周毓英和敌26师的马励武两个中将师长成为粟裕的阶下囚。马励武见到如普通士兵的粟裕时，仰天叹道："天不助我。"粟裕用浓浓的湖南口音纠正道："不是天不助你，你忘了一点，你要过年，我们也要过年，而我过年更喜欢热闹！"

粟裕指挥作战运筹帷幄，用兵如神。而他做人则谦虚谨慎，平易近人，令人敬佩。真可谓：半世生涯戎马间，一生英名留千古。

（标题为编者所拟，原题《大智大勇 奇中取胜——回忆解放战争时期粟裕大将二三事》，文章有删节，选自《解放军报》2014年2月26日）

何叔衡：苏维埃的“一头牛”

◎ 王立华

何叔衡（1876—1935），湖南宁乡人，他是毛泽东的同学，一师年龄最大的学生，新民学会年龄最大的会员，中共一大年龄最大的代表，也是毛泽东最要好的朋友之一。

他俩一起参加中共一大时，与会代表平均年龄28岁，恰与毛泽东当时的年龄相同，而何叔衡已是45岁。他虽比毛泽东的年龄大许多，却是毛泽东最早的合作者和追随者。一般说来，少年追随长者很常见，长者追随少年却稀有，而何叔衡就是这样的奇人，认准了就矢志不移。

辛亥革命爆发后，他率先剪去头上的辫子，又动员周围的男人剪掉辫子，说服女人放脚。看到那些守旧的妇人不肯解裹脚布，便说看来只动笔动嘴不行，还要动手动刀。说罢操起菜刀，将家中的裹脚布和尖脚鞋全部搜出当众砍烂。

1913年春，当了10多年私塾先生，已37岁的何叔衡，却出奇地决定再进学校读书。学校主事颇为惊诧，他解释说：深居穷乡僻壤，风气不开，外事不知，急盼求新学。

他与毛泽东同时考入四师，又一起并入一师，毛泽东在一师八班，他在教师讲习班。1914年夏，何叔衡在校读书1年半后，提前从一师毕业，被聘到长沙楚怡学校当主任教员，毛泽东则继续在一师求学。两人尽管同窗的时间仅1年半，却从此成为志同道合的挚友，毛泽东常去楚怡学校找他，二人有时在那里彻夜长谈。何叔衡常对人说："毛润之是个了不起的人物。"

1917年暑假，毛泽东与萧子升行乞游学，路上突发奇想，徒步跋涉百余里，深更半夜跑到宁乡何叔衡家，搞得他全家又惊又喜。何父非常热情，特意杀了一头猪款待他们，还留他们住了两宿，使行乞游学差点失去原先意义。为使游学不变成走亲访友，他们赶紧离开何家，走时何叔衡送出很远。何家后代回忆说，毛泽东曾在他家门口的池塘里游泳，那池塘至今依然碧波荡漾。

毛泽东评价何叔衡，有三句话形象而著名。

其一，何胡子（叔衡）是一头牛。这个评价是有来历的。何家家境并不宽裕，粮少人多，逢到青黄不接时，父亲就限制孩子们的饭量。何叔衡7岁时，有一次几口就把定量的饭吃光了，仍感到十分饥饿。他说吃饭要是像牛吃草那样，能放肆地吃饱就好了。站在一边的父亲听后，对他说，你长大了像牛一样地做事，就一定会吃得饱的。何叔衡牢牢记住了父亲的话，始终“像牛一样地做事”。这个特点被毛泽东认可。

其二，何胡子是感情一堆。一次，好友萧三去楚怡学校看他，遇见他与一个犯了错误的学生谈心，说着说着他竟然哭了起来。萧三后来说，我当时觉得非常奇怪，事后才知道他容易激动，和学生谈话不止一次地哭过，但他在学校威望极高，因为他把学生看成自己的孩子，犯了错误不是横加训斥，而是以理服人、以情动人。

其三，叔翁做事可当大局，非学问之人，乃做事之人。新民学会成立时，何叔衡虽是为数不多的发起者之一，却自愧年长才退不配与20来岁的青年为伍，提出自己不入会，后经毛泽东等人几次劝说，才同意加入。他入会不久就担任了执行委员长，与毛泽东一起发起驱除省督张敬尧的“驱张运动”。这是他们组织的第一场重大政治斗争，毛泽东派他前往衡阳动员力量，他以衡阳三师为基地，组织了大批群众参与，起到了十分重要的作用。

在新民学会中两人配合十分默契，会友中流传着一句话：“毛润之所谋，何胡子所趋；何胡子所断，毛润之所赞。”

何叔衡以不能谋自谦，能虚心接受人家的意见，但他却以能断而“自负”。每在危难震撼时刻，当人们犹豫不决时，他却能不顾人家反对，也不要人家赞扬，毅然决然地站在前面走自己的路。决断果敢，义无反顾，这是成大业者极重要的品质。

1927年秋，何叔衡从湖南转移到上海，到街头做宣传鼓动工作时被捕。被押到警察局后，他的外貌和机智救了他。审讯官觉得他不像是革命者，便试探着问：“你知道什么是共产党，什么是国民党吗？”何叔衡故意摇头晃脑、抑扬顿挫地说：“吾乃学者，岂能不知？共产党三民主义是也，国民党五权宪法是也！”

接着，又讲起孔子的《论语》。话还没说完，便听上面惊堂木一拍，喝道：“快滚！”何叔衡便不紧不慢地走掉。审讯官再拷问别人时才知道，刚放走的人竟是中共元老之一，其头颅有上万元赏格，派人去追却找不到踪影了。

（标题为编者所拟，文章有删节，选自《一师毛泽东：要为天下奇》，中央文献出版社，2018年1月）

《百年风华》编选：龙昌黄

谏汉桓帝修德政疏

◎［东汉］陈蕃

陈蕃（？—168），字仲举，东汉桓、灵两朝重臣，以犯颜直谏名世。

臣闻贤明之君，委心[1]辅佐；亡国之主，讳闻直辞。故汤武虽圣，而兴于伊吕；桀纣迷惑，亡在失人。由此言之，君为元首，臣为股肱，同体相须，共成美恶者也[2]。

伏见前司隶校尉李膺、太仆杜密、太尉掾范滂等，正身无玷，死心社稷。以忠忤旨，横加考案，或禁锢闭隔，或死徙非所。杜塞天下之口，聋盲一世之人，与秦焚书坑儒，何以为异？昔武王克殷，表闾封墓[3]，今陛下临政，先诛忠贤。遇善何薄？待恶何优？夫谗人似实，巧言如簧，使听之者惑，视之者昏。

夫吉凶之效，存乎识善；成败之机，在于察言。人君者，摄天下之政，秉四海之维，举动不可以违圣法，进退不可以离道规。谬言出口，则乱及八方，何况髡[4]无罪于狱，杀无辜于市乎！昔禹巡狩苍梧，见市杀人，下车而哭之曰："万方有罪，在予一人！"故其兴也勃焉。又青、徐炎旱，五谷损伤，民物流迁，茹菽[5]不足。而宫女积于房掖[6]，国用尽于罗纨[7]，外戚私门，贪财受赂，所谓"禄去公室，政在大夫"[8]。

昔春秋之末，周德衰微，数十年间无复灾眚者，天所弃也。天之于汉，悢悢[9]无已，故殷勤示变，以悟陛下。除妖去孽，实在修德。臣位列台司[10]，忧责深重，不敢尸禄惜生，坐观成败。如蒙采录，使身首分裂，异门而出，所不恨也。

（标题为编者所拟，选自《后汉书》，中华书局，2012 年 4 月）

[1]委心：放心，信任。[2]君为元首，臣为股肱，同体相须，其成美恶者也：此句化用自《汉书·魏相丙吉传》："……君为元首，臣为股肱，明其一体，相待而成也。"相须，也作"相需"。[3]表闾封墓：典出《史记·殷本纪》："周武王遂斩纣头……释箕子之囚，封比干之墓，表商容之闾。"意在旌表闾里，增修坟墓，表示对贤者的礼遇和尊崇。[4]髡（kūn）：古代剃去男子头发的一种刑罚。[5]茹菽（shū）：茹，蔬菜总称；菽，豆类总称。泛指粗茶淡饭。[6]房掖：掖庭，此处指妃嫔居住之所。[7]罗纨：泛指精美的丝织品。[8]"禄去公室，政在大夫"：语出《论语·季氏》，原文为"禄之去公室五世矣，政逮于大夫四世矣"。意指政权旁落臣属之手。[9]悢（liàng）悢：眷念。[10]台司：古时以三台星象征三公之位，故借指三公等辅弼重臣。

译文

我听说贤明的君主，信任辅佐的大臣；亡国之主，忌讳大臣的直言。所以，商汤、周武虽然圣明，但殷商、姬周王朝的兴起，实有赖于伊尹和吕望这样的贤臣；夏桀、商纣昏聩迷乱以致丧邦，是因为失去了人心。就此说来，君主像是大脑，臣子像是四肢，二者同为一体，互相依存，共同书写善政与恶政。

我看到前司隶校尉李膺、太仆杜密、太尉掾范滂等人，身正清白，竭诚报国。他们因为忠心忤逆了您的旨意，就横遭拷打审讯，有的被囚禁，与外界隔绝，有的被处死，或者被流放至非人之所。这种堵住天下悠悠之口，将世人变成聋子、瞎子的做法，与秦朝的焚书坑儒有何分别？昔日武王灭商，旌表商容之闾，封比干之墓，而今陛下您临朝秉政，却先诛杀忠将贤臣。您对待良臣为何如此刻薄？对待小人又为何如此优厚？谗佞之人看似老实，却往往巧舌如簧，让听者迷惑，让看者糊涂。

吉凶的效应，在于识别善恶；成败的关键，在于审察言论。作为人民的君主，统管天下政事，执掌国家纲纪，一举一动皆不可违犯圣贤的法度，一进一退也都不可偏离道德的规范。错话一说出口，就会祸及八方，何况在狱中用髡刑惩治无罪的人，在街市屠戮无辜的百姓呢！从前，夏禹巡狩苍梧，见到街市上杀人，就下车哭诉："全天下的罪行，都应算在我一个人身上！"因此夏朝很快就兴盛了起来。再说青州、徐州酷热干旱，五谷歉收，百姓流离失所，食不果腹。而宫墙之内满是宫女，国家财富在她们身上耗尽，外戚权贵贪财受贿，正所谓"俸禄不出于公室之门，政权执掌于大夫之手"啊。

春秋末年，周室式微，数十年间都没什么祸患，是因为它已经被上天抛弃。而上天对我汉室，还存有眷念，所以灾异频现，以使陛下醒悟。要铲除奸佞，在于修行德政。臣身居台司重位，深感责任重大，不敢尸位素餐，贪生怕死，坐观天下兴亡。臣的建议若能被您采纳，即使最后身首异处，也不会遗恨。

千秋评说

明主不恶切谏以博观，忠臣不避重诛以直谏。（《史记》）

君暗臣谄，以居百姓之上，民不与也。若此不已，国无类矣！（《资治通鉴》）

陈仲举处桓灵之时，有清世之志，树立风声，抗论惛俗，为天下正人所依归。（[明]归有光）

“如果要看前途，一定要看历史”

◎张太原

抗战时期，新儒家代表人物徐复观曾问过毛泽东这样一个问题：如何来读历史？毛泽东回答：“中国史应当特别留心兴亡之际，此时容易看出问题。太平时代反不容易看出。西洋史应特别留心法国大革命。”毛泽东从很早开始就非常注意中外历史上的兴亡更替和其中的历史道理。1916年，得知“附和帝制者”被惩办，毛泽东在致萧子升的信中颇为感慨地写道：“居数千年治化之下，前代成败盛衰之迹岂少，应如何善择，自立自处？王莽、曹操、司马懿、拿破仑、梅特涅之徒，奈何皆不足为前车之鉴？史而有用，不至于是。”意思是说，袁世凯等人如果了解数千年来“成败盛衰之迹”，汲取历史教训，就不至于重蹈覆辙了。1920年，他又与蔡和森等人说起，“有袁世凯失败了，偏又有段祺瑞。章太炎在长沙演说，劝大家读历史，谓袁、段等失败均系不读历史之故”。显然，毛泽东很认同章太炎的这一看法，在他眼中，没能从历史上的成败中总结经验教训，是许多人失败的根源所在。

看历史，与研究历史一样，要带着问题意识去看。当革命实践遭遇挫折的时候，当现实工作遇到问题的时候，就需要看看历史上有没有类似情况，能不能从历史中得到启发。毛泽东一贯是这样做的。1927年，大革命失败后，毛泽东向谭震林等人讲道：“李自成为什么失败了？很重要的一个原因，就是没有巩固的根据地。”因而，他没有去上海工作，而是去了湖南，去了江西，建立了井冈山革命根据地。他告诫全党：“站在井冈山，不仅要看到江西、湖南，还要看到全中国、全世界。”毛泽东正是通过借鉴中国农民起义的历史来探索中国革命道路，甚至纵观未来的全中国、全世界的。从中，他领悟了这样一个教训，“历史上存在过许多流寇主义的农民战争，都没有成功”。因而一再强调根据地对我们党和中国革命前途的重要性，中国共产党从困境中走出来，从胜利走向胜利，特别表现为这样一种发展路径：由小的根据地到大的根据地，由一块或几块根据地到多块根据地，农村包围城市，最终夺取全国政权。

（文章有删节，选自《光明日报》2021年1月20日）

多读一点 

陈蕃“扫天下”

陈蕃何许人也？《后汉书》中说：“蕃年十五，尝闲处一室，而庭宇芜秽。父友同郡薛勤来候之，谓蕃曰：‘孺子何不洒扫以待宾客？’蕃曰：‘大丈夫处世，当扫除天下，安事一室乎！’勤知其有清世志，甚奇之。”但我们所熟悉的并不是薛勤的赞叹，而是“一屋不扫，何以扫天下”的教训。这其实是清朝人将陈蕃的例子安放到自己的头上，演化而来的，目的无非是教育人们，想要干大事，必须从小事抓起。

陈蕃果然是不凡之人，如果是平庸之辈说大话，历史上也不会留下他的名字。东汉有“三君”“八俊”“八顾”“八及”“八厨”之说。而陈蕃正是“三君”之一，所谓“君者，言一世之所宗也”，是当时受人尊敬的人。历史上不同时代的“三君”有很多，像“四公子”一样，也是一个专门名词。而陈蕃能厕身其间，可见他的不凡。

陈蕃是有名的清议人物，性格孤高、严苛，对喜欢的人，极为恭敬，对不喜欢的人，懒得搭理。王勃在《滕王阁序》中有句子说“徐孺下陈蕃之榻”，说的正是陈蕃的典故。陈蕃孤傲，不耐和俗世交往，平时从不见宾客，家中连多余的床榻都不准备，唯有徐稚来，特意给他准备一榻，让他休息，等徐稚一走，陈蕃立刻将榻挂起来，不让别人使用。那么徐稚是何方神圣？徐稚有“南州高士”之称，他对朝廷的屡次起用，都予以推辞，理由是他认为东汉王朝已经病入膏肓，无药可救，“大树将颠，非一绳所维”。陈蕃对这样的名士非常敬重。通过这个典故也能看出，陈蕃的品性确实超过别人。

在陈蕃任乐安太守的时候，郡县中有一个叫赵宣的人，此人丧亲后，按古制在墓旁建庐守孝三年。但赵宣好像觉得不够，又在坟墓的边上挖了一个洞，在地下室里居然守孝二十年，地方上都被他的孝行所感动，于是上报陈蕃。陈蕃感到很好奇，亲自接见了赵宣，但一番闲谈后，陈蕃知道他竟然有五个孩子是在守孝中所生，不禁勃然大怒道：《礼记》上说：“三年之丧，可复父母之恩也。”又说：“祭不欲数，数则烦，烦则不敬。”意思是说，你守孝二十年，天天祭，已经不合礼的规定，这且罢了，但你却在守孝时，还贪图鱼水之欢，生下了五个孩子，这不是欺世盗名的骗子吗？当即将赵宣法办。

（作者欧南，文章有删节，选自《北京青年报》2016年12月17日）

梦天

◎［唐］李贺

李贺（790—816），字长吉，唐代中期浪漫主义诗人，其诗作想象奇特，意境开阔，自成一格。

老兔寒蟾泣天色，云楼半开壁斜白。
玉轮轧露湿团光，鸾珮相逢桂香陌。
黄尘清水三山下，更变千年如走马。
遥望齐州九点烟，一泓海水杯中泻。

浣溪沙·泛舟还馀英馆

◎［北宋］毛滂

毛滂（约1060—约1124），字泽民，号东堂，衢州江山（今浙江江山）人。其词风潇洒明润，有《东堂集》传世。

烟柳风蒲冉冉斜，小窗不用著帘遮。载将山影转湾沙。

略彴断时分岸色，蜻蜓立处过汀花。此情此水共天涯。

读节气

【惊蛰】春季的第三个节气，在每年的3月6日左右。惊蛰，原称“启蛰”，为避汉景帝刘启的名讳而改名。这时，天气转暖，春雷初响，惊醒了蛰伏在泥土中冬眠的各种昆虫，过冬的虫卵也将开始孵化。谚语云：“雷打惊蛰谷米贱，惊蛰闻雷米如泥。”

《古典》编选：龙昌黄

在革命中实现我们真正的恋爱

◎ 陈毅安

陈毅安（1905—1930），湖南湘阴县人。1924年加入中国共产党。1930年6月任红三军团第八军第一纵队司令员，长沙战役中任前敌总指挥，在掩护军团机关转移时壮烈牺牲，年仅25岁。选文是他于1927年4月在国民革命军进军途中写给未婚妻李志强的一封信。

我最亲爱的承赤妹：

心如刀割的我，今日安抵衡州了。轮船中的生活，我来叙述一下，想你所过的生活虽然不同，而你的心也必有同情之感，因为人类是有感情的动物，而况如花初放的我们呢。

我怕听流水澎湃的怒潮声，也怕看船头晶晶似的明月，更怕听旅客中谈论青春年少的乐趣，生别离的悲哀。有时请伴侣唱戏以作乐，但无从欢乐起。有时暗自悲伤，又恐怕他人笑我没有革命的勇气而不敢流泪。总而言之，这几天我非常烦闷。此种情况非笔墨所能形容了。唉！情魔，情魔！你把我们的革命性消磨了。我们是有阶级觉悟性的青年，担负了世界革命的重大使命，我们难道恋恋于儿女的深情吗？没有一点牺牲的精神吗？我们绝对不是这样，我们都是受了马克思主义深刻的训练的，他早已告诉了我们：资产阶级已经将家庭扯碎了，家族关系变成了单纯的金钱关系。儿女的深情早已在利害计较的冰水中淹死了。

在私有制度未打破以前，一切关系都是经济的关系。我们虽有许多恋爱的关系，但是离不掉这个刻薄忧情的现金主义的社会。事实上告诉了我们，假若我在长沙伴着你，我的宝贝，我的心爱，拥抱着你，给你几个甜蜜的 kiss（吻），快虽快乐，但生活马上发生问题。你来韶州吗？工作虽有做，经济不至发生问题，但青春年少的我们，在一起也不大很好，卿卿我我，我永远爱你，你永远爱我，弄个不得明白，一定会把革命工作抛弃了。我们不独对不起自己，也对不起党，并且，党，它也不许可我们有怠工的现象。而况关山千里，交通不便，一旦军队开动，困难问题又临头了。

思前想后，除了我们努力革命，再找不出别的出路。把一切旧势力铲除，建设我们新的社会。这个时候，才能实现我们真正的恋爱，才不是经济的关系了。最亲爱的妹妹，你不要畏难吧！十八层地狱底下的中国，今日也得见晴天白日了。眼见得帝国主义军阀及一切反动势力快要到坟墓里面去。一钱不值的我们，也要做起天下的主人了。努力！努力！前进！前进！我们的目的地终会达到啊！

顺祝

革命敬礼！

毅启　四月十日于衡州舟次

（标题为编者所拟，原题《我们难道恋恋于儿女的深情吗？》，文章有删改，选自《红色家书》，江苏凤凰文艺出版社，2017年1月）

别时容易见时难，分离二十一个月了，何日相聚？念、念、念、念！愿在党的整顿之风下各自努力，力求进步吧！以进步来安慰自己，以进步来酬报别后衷情。（左权）

我们革命几十年，出生入死，艰险困苦，患难与共，悲喜分担，有时战斗在一起，有时分散两地，无畏无私。在我们的革命生涯里，总是坚定地、泰然地、沉着地奋斗下去。我们的爱情，经历了几十年也没有消减。（邓颖超）

今人一得

气节随想

◎许海兵

崇尚气节，是中华民族优良道德传统的重要内容。所谓气节，就是指一个人为人处世的原则性和道德上、政治上的坚定性。气节所体现的是人们对自己的行为和人生道路选择的明确的目的性、高度的自觉性和一往无前的坚定性的统一。一个人如果具有气节，那么就能够坚持自己为人处世的原则，对自己的理想信念身体力行、坚持不懈、百折不回，即使处于逆境之中、危难之际、生死存亡的关头，都能矢志不渝，毫不动摇退缩。

中华上下五千年，坚守气节的仁人志士可谓数不胜数。正如鲁迅先生在《中国人失掉自信力了吗》一文中所说的那样："我们从古以来，就有埋头苦干的人，有拼命硬干的人，有为民请命的人，有舍身求法的人……虽是等于为帝王将相作家谱的所谓'正史'，也往往掩不住他们的光耀，这就是中国的脊梁。"

正是在这种重视气节、崇尚气节的道德精神熏陶和哺育之下，历史上无数仁人志士为了维护自己的人格尊严，为了民族的生存发展，为了国家的独立富强，"杀身成仁，舍生取义"，坚守着"富贵不能淫，贫贱不能移，威武不能屈"

的“大丈夫”精神。他们或者居贫贱而志不衰，穷也穷得有志气；或者居乱世而能清介自守，坚持不同恶势力同流合污；更有那些为了维护民族尊严、祖国统一而威武不屈、视死如归的仁人志士，他们的高风亮节、凛然正气一直为后人所景仰和怀念。

而共产党人的革命气节，不仅是对中华民族崇高气节的继承和发展，同时又增加了新的革命内容，把它提升到了一个新的更高境界。在我们党领导革命斗争的时期，无数革命先烈抱着对共产主义事业的坚定信念，无论是面对敌人的严刑拷打，还是形形色色的威逼利诱，在血与火、生与死的考验面前，始终坚贞不屈，充分体现了共产党人的高尚革命气节；在社会主义革命和建设时期，在新的历史考验面前，广大共产党人同样保持了自己无产阶级的政治本色和革命气节。

古人云：“不患位之不尊，而患德之不崇。”身处新时代的党员干部，更应自觉坚守共产党人的革命气节，克己奉公，刚正不阿，涵养一身正气，做一个无愧于天、无愧于地、组织满意、人民称赞的好干部。

（标题为编者所拟，原题《坚守共产党人的革命气节》，文章有删节，选自《长沙晚报》2019年7月11日）

多读一点 

“无字书”诀别

陈毅安是骁勇善战的真英雄，也是情深义重的伟男子。1923年暑假，正在湖南省甲种工业学校读书的陈毅安，在拜访他的语文老师邹老先生时，遇上了师母的外甥女——18岁的李志强。其时，李志强还在湖南省稻田女子师范读书，一副学生模样，妆容清纯可人。初次见面，两人就钟情彼此。当年八月中秋，由师母做媒，陈毅安与李志强订下了终身。

此后不久，陈毅安决意投身革命。他1924年加入中国共产党，1926年考入黄埔军校学习。在分别的日子里，书信成为陈毅安与李志强之间的爱情纽带。深爱着陈毅安的李志强，舍不得他流血牺牲，希望他毕业后当教员，而不要上前线打仗。陈毅安总是耐心地开导她，袒露自己的情怀。他在信中写道："我上次同你说的，爱情固然要好，但不要成为痴情。换句话说，不要牺牲一切来专讲爱情。如果人人不去流血牺牲，那中国就无药可救了。"

1929年，陈毅安在井冈山战斗中脚部受伤，秘密回到湖南老家养伤，并与李志强完婚。1930年6月，陈毅安应彭德怀之邀，告别母亲和新婚有孕的妻子，重返部队，担任长沙战役前敌总指挥。8月7日凌晨，在掩护军团总部撤退时，遭敌机枪扫射，腰部中弹，不幸壮烈牺牲。

1931年3月，李志强终于再次接到陈毅安的来信。信封上那熟悉的字体，让她欣喜若狂。但当把信封拆开，她瞬间五脏俱焚。信封里只有两张空白的信纸。而这是陈毅安在参加大革命时与她的约定：如果他牺牲了，就会托人捎回一封无字家书，当年陈毅安说这番话的时候，李志强一边捂他的嘴，一边说"别瞎说，别瞎说"。在收到“无字书”很长一段时间里，她都不愿意相信自己的爱人已经牺牲了，仍不停地多方打探消息，痴痴地等待他归来。

一转眼6年过去了。1937年9月，李志强带着一丝希望，给延安八路军总部去了一封挂号信，询问丈夫的情况。20天后，她收到八路军彭德怀副总指挥的亲笔回信：“毅安同志为革命奔走，素著功绩，不幸在1930年已阵亡……”噩耗传来，李志强泪流满面，泣不成声。1951年，在毛泽东亲笔签发的首批革命烈士家属光荣纪念证中，陈毅安的证书为第九号，由此他也被称作共和国第九烈士。

（标题为编者所拟，原题《陈毅安的“无字书”》，作者不详，文章有删节，选自《宿迁晚报》2019年10月22日）

读节气

【惊蛰花信】惊蛰三候所对应的花信为：“一候桃花，二候棣棠，三候蔷薇。”

论气运

◎ 钱穆

钱穆（1895—1990），字宾四，江苏无锡人。他是现代著名的史学大师，与吕思勉、陈垣、陈寅恪并称为“史学四大家”。

犹忆我童时读《三国演义》，开卷便说，天下一治一乱，合久必分，分久必合，那些话。当时有一位老师指点我，说那些只是中国人旧观念，当知如今英法诸邦，他们一盛便不会衰，一治便不会乱，我们该好好学他们。在那时，我这位老师，正代表着一群所谓新知识开明分子的新见解。好像由他看来，英法诸邦的太阳，一到中天，便再不会向西，将老停在那里。

但曾几何时，不到五十年，接连第一第二次世界大战，英法诸邦也正在转运了。于是五十一年后的今天，我才敢提出中国人的传统老观念

“气运”两字，来向诸位做此一番的演讲。

但所谓气运，并不是一种命定论，只是说宇宙乃及人生，有此一套好像是循环往复的变化。宇宙人生则永远地在变，但所变也有一规律、一限度，于是好像又变回到老样子来了，其实哪里是老样子。但尽管花样翻新，总还是有限。因此我们可以把它来归纳成几个笼统的大形式。

譬如女子服装，由窄袖变宽袖，再由宽袖变窄袖，由长裙变短裙，再由短裙变长裙般，宇宙人生一切变化，也可作如是观。

由渐变形生出骤变，由量变形生出质变，由少数转动了多数，又由多数淹没了少数，由下坡走向上坡，又由上坡转向下坡。宇宙人事之变，其实也不出此几套。

从前西方的历史家，他们观察世变，好从一条线尽向前推，再不留丝毫转身之余地，如黑格尔历史哲学，他认为人类文明，如太阳升天般，由东直向西，因此最先最低级者如中国，稍西稍升如印度，如波斯，再转西到希腊，到罗马，西方文明自然优过东方，最后则到日耳曼民族，那就登峰造极了。他不知中国《易经》六十四卦，既济之后，又续上一未济，未济是六十四卦之最后一卦，纵使日耳曼民族如黑格尔所说，是世界各民族中之最优秀民族，全世界人类文明，到他们手里，才登峰造极，但登峰造极了，仍还有宇宙，仍还有人生，不能说宇宙人生待到日耳曼民族出现，便走上了绝境，陷入死局呀！

中国人的气运观，是极抽象的，虽说有忧患，却不是悲观。懂得了天运，正好尽人力，来燮理，来斡旋。方其全盛，知道它将衰，便该有保泰持盈的道理。方其极衰，知道有转机，便该有处困居危的道理。这其间，有可知，但也有不可知；有天心，但同时也可有人力。所以说天下兴亡，匹夫有责。天下之大，而至于其兴其亡，系于苞桑之际，正如一木何以支大厦，一苇何以障狂澜，而究竟匹夫有责，所以风雨如晦，鸡鸣不已，鲁阳挥戈，落日为之徘徊。那是中国人的气运观。

（文章有删节，选自《中国思想通俗讲话》，生活·读书·新知三联书店，2002 年 8 月）

千秋评说

不知命，无以为君子也。（[先秦]孔子）

知命者，不立乎岩墙之下。（[先秦]孟子）

命和运不同：运是一个人在某一时期的遭遇，命是一个人在一生中的遭遇。……在某一时期中，幸的遭遇比不幸的遭遇多，是运好。在一生中，幸的遭遇比不幸的遭遇多，是命好。（冯友兰）

今人一得

尽人事，听天命

◎ 肖杨

“尽人事，听天命”的说法，乍听似乎有些消极，但细细审视，我们又发现，这认识相当深刻和理性。什么是“天命”？在我看来，“天命”就是不以我们的意志为转移的客观规律，是冥冥之中左右着我们很多人命运的一张无形的大手。比如说，生老病死：我们来到这个世界上，并非出于我们个人的意志；生命既有年轻旺盛的阶段，也有无可奈何花落去的时候；尽管我们谁都不愿生病，可疾病还是会悄然降临；至于死亡，那更是让很多人厌恶乃至恐惧的事儿，然而又有谁能逃脱死神的掌心呢？

再以农业为喻。天底下我以为没有比种田人更苦的了。虽说现代科技的机械化操作，减轻了农民的劳动强度，但在相当长的一段时间之内，“面朝黄土背朝天”的劳作方式很难发生根本性改变——那么，日晒风吹就是免不了的。而且，辛苦了一年，地里的收成只能取决于老天爷的脸色：如果风调雨顺，那么有可能迎来一个丰收年；假如老天与人作对，则有可能两手空空。

在“天命”面前，作为人，我们当然可以做些什么，努力接近我们希望的目标——这也就是所谓“尽人事”。

种田人自然也都希望自己的劳动强度能降低一些，地里的收成能好一些。所以，今天诸如耕地、插秧、收获等环节都已经以机械替代了人力。而为了收成更好一些，加大化肥、农药的使用量也是普遍现象。不过，对于后者来说，这种加大必须有一个度，而非越大越好。倘若化肥使用超过一定限度，可能将庄稼“烧死”——一如我们人吃得过饱，可能被撑死一样。此外，农药的使用超过一定限度，可能使农作物中的农药残留超标，进而给食用者带来身体上的损害。因此，我们在农业生产的过程中，必须充分尊重某些规律，不能想当然。

在生命与大自然面前，我们低眉顺眼、无所作为，是错误的，因为这样太过消极，缺乏进取心，会让我们失去人生的利好之机；但假如我们盲目自信，不尊重客观规律，也是错误的，那样，很可能给我们带来灾难性后果。

“尽人事，听天命”，值得好好体味。

（文章有删节，选自《今晚报》2018年3月25日）

钱穆的湖与湖上闲思

无锡荡口古镇，是学者钱穆的故乡。荡口古镇，是太湖流域无数古镇中的一个。清亮的石板、低矮的廊檐、临水的楼阁，还有店铺里的那些糖果小吃，一切都是如此熟稔。古镇无不依水而生，而荡口的独特之处，在于街巷是笔直的，没有迂回曲折，每户人家都自在地领略水色。这里古朴风貌犹存。店铺里的美食，小笼馒头、青白团子、甘露青鱼、糯米酒酿……每一样都透露水的意蕴。

钱穆故居，是一处经过精心修葺的清代建筑，前门临街面水，后边有一个绿荫笼罩、花木繁茂的庭园。四周静谧得几乎能感觉时光流逝的声响，恰好可以读书。

当年，钱穆在荡口读小学的时候，很喜欢章学诚的《文史通义》。有一天，他在睡梦中发觉自己走上了一座小楼，楼上居然大多数是章学诚的书，有不少是外面买不到的。他顿时欣喜若狂。二十多年后，他应邀到北京大学教书，在图书馆里，真的看见了当年梦中出现的那一幕，书架上摆放的几乎都是章学诚的书。

湖中的鱼虾通灵助梦，更何况是读书人的爱书之梦？

钱穆的《湖上闲思录》用现代汉语，而不是文言，随心所欲地谈论人文与自然、精神与物质、艺术与科学、礼与法、乡村与城市，涉猎面非常广。其中的《情与欲》，有这样的表述：

“历史人生却不然。他之回忆过去，更重于悬想未来。过去是过去了，但在你心上，岂不留着他一片记忆吗？这些痕迹，你要保留，谁能来剥夺你？它们是你对人生的真实收获，可以永藏心坎，永不退灭的。人生不断向前，未必赶上了你所希望，而且或离希望更远了，希望逐步幻灭，记忆却逐步增添，逐步丰富了。人生无所得，只有记忆，是人人可以安分守己不劳而获的。那是生活对人生唯一真实的礼物，你该什袭[1]珍藏吧！”

抗日战争时期，钱穆在云南宜良写成了《国史大纲》一书。国事未定，变端莫测，他决意不返平津，不滞京沪，先后去了昆明、成都。不料患上胃病，久治不愈。恰逢江南大学创办，遂去往太湖之滨的无锡，游神淡泊，自求宁静。家乡的风土饮膳，给他的健康带来了很大转机。由此，我们不难感受故乡的湖荡在钱穆记忆深处的位置。而不管身在何处，他从未忘记自己在湖畔的闲思遐想。故乡给他的真实礼物，始终永藏心坎。

（作者陈益，文章有删节，选自《中华读书报》2020年6月17日）

---

[1]什袭：把物品一层又一层地包裹起来，以示珍贵。

青年在选择职业时的考虑

◎［德］卡尔·马克思

选文是卡尔·马克思（1818—1883）17岁中学毕业时所写的毕业论文，可谓是马克思思想发展的起点，它反映了马克思中学时代的精神面貌，表明青年马克思已经树立了为全人类服务的崇高理想。

伟大的东西是光辉的，光辉则引起虚荣心，而虚荣心容易给人以鼓舞或者一种我们觉得是鼓舞的东西。但是，被名利弄得鬼迷心窍的人，理智已经无法支配他，于是他一头栽进那不可抗拒的欲念驱使他去的地方；他已经不再自己选择他在社会上的地位，而听任偶然机会和幻想去决定它。

我们的使命绝不是求得一个最足以炫耀的职业，因为它不是那种使我们长期从事而始终不会感到厌倦、始终不会松劲、始终不会情绪低落的职业，相反，我们很快就会觉得，我们的愿望没有得到满足，我们的理想没有实现，我们就将怨天尤人。

但是，不只是虚荣心能引起对这种或那种职业突然的热情。也许，我们自己也会用幻想把这种职业美化，把它美化成人生所能提供的至高无上的东西。我们没有仔细分析它，没有衡量它的全部分量，即它让我们承担的重大责任；我们只是从远处观察它，而从远处观察是靠不住的。

这里，我们自己的理智不能给我们充当顾问，因为它既不是依靠经验，也不是依靠深入的观察，而是被感情欺骗，受幻想蒙蔽。然而，我们的目光应该投向哪里呢？在我们丧失理智的地方，谁来支持我们呢？

是我们的父母，他们走过了漫长的生活道路，饱尝了人世辛酸——我们的心这样提醒我们。

如果通过冷静的研究，认清所选择的职业的全部分量，了解它的困难以后，我们仍然对它充满热情，我们仍然爱它，觉得自己适合它，那时我们就应该选择它，那时我们既不会受热情的欺骗，也不会仓促从事。

但是，我们并不总是能选择我们自认为适合的职业；我们在社会上的关系，在我们有能力对它们起决定性影响以前，就已经在某种程度上开始确立了。

如果我们错误地估计了自己的能力，以为能够胜任经过周密考虑而选定的职业，那么这种错误将使我们受到惩罚。即使不受到外界指责，我们也会感到比外界指责更为可怕的痛苦。

如果我们把这一切都考虑过了，如果我们生活的条件容许我们选择任何一种职业，那么我们就可以选择一种使我们最有尊严的职业，选择一种建立在我们深信其正确的思想上的职业，选择一种能给我们提供广阔场所来为人类进行活动、接近共同目标（对于这个目标来说，一切职业只不过是手段）即完美境地的职业。

尊严就是最能使人高尚起来、使他的活动和他的一切努力具有崇高品质的东西，就是使他无可非议、受到众人钦佩并高于众人之上的东西。

如果一个人只为自己劳动，他也许能够成为著名学者、大哲人、卓越诗人，然而他永远不能成为完美无疵的伟大人物。历史承认那些为共同目标劳动因而自己变得高尚的人是伟大人物；经验赞美那些为大多数人带来幸福的人是最幸福的人；宗教本身也教诲我们，人人敬仰的理想人物，就曾为人类牺牲了自己——有谁敢否定这类教诲呢？

如果我们选择了最能为人类福利而劳动的职业，那么，重担就不能把我们压倒，因为这是为大家而献身；那时我们所感到的就不是可怜的、有限的、自私的乐趣，我们的幸福将属于千百万人，我们的事业将默默地，但是永恒发挥作用地存在下去，而面对我们的骨灰，高尚的人们将洒下热泪。

（译者不详，文章有删节，选自《马克思恩格斯全集》，人民出版社，2016年10月）

千秋评说

崇高就是“伟大心灵的回声”。因此，一

个毫无装饰、简单朴素的崇高思想，即使没有明说出来，也每每会单凭它那崇高的力量而使人叹服……（[古希腊]朗吉努斯）

工作是眼能看见的爱。倘若你不是欢乐地，而是厌恶地工作，那还不如撇下工作，坐在大殿的门边，去乞求那些欢乐地工作的人的周济。（[黎]纪伯伦）

今人一得

小议职业审美形态

◎ 王春雨

人们从事的职业种类有很多，随着现代社会分工不断细化，越来越多的新兴职业也不断出现。在这些形形色色的职业背后，职业审美形态是可以归纳和总结出来的。职业审美形态的形成发展是现实性和历史性、感性与理性的有机统一，也与人们的思维方式、语言、文化修养密切相关。我们可以把职业审美形态概括为四种，即宁静坚定的恒久之美、攻坚克难的昂扬之美、家国天下的气韵之美和宇宙人生的意境之美。

其一，宁静坚定的恒久之美。这种美是职业生活中的常态之美，坚定和恒久也是职业生活的内在本质属性。一般来说，职业一旦被选择就具有相对固定性，要有一种坚持的精神。在当今时代，人们选择职业的空间在不断扩大，社会也允许职业之间的变化和流动，但恒久依然是职业生活重要的审美追求。在职业生活中做出成绩、实现人生价值的人必然具有这种宁静坚定的品质。

其二，攻坚克难的昂扬之美。在职业生活中，不都是平淡宁静的状态，还有很多艰难险阻。在应对这些困难、解决这些困难中产生的审美愉悦，称之为职业审美中攻坚克难的昂扬之美。这与西方经典的审美形态“崇高”有共同之处，所以我们一般把在职业生活中面对困难毫不畏惧、迎难而上、敢啃“硬骨头”的精神称为崇高的职业精神。

其三，家国天下的气韵之美。气韵是中国古

典美学形态的表述。通俗来讲，气主要是指一切体现着内在生命的精神之气，是生命的动力和条件；韵的实质是和谐。在职业生活中，正确的家国情怀及由此产生的审美体验构成了职业生活的气韵之美。

其四，宇宙人生的意境之美。意境也是中国传统审美形态的重要内容。具体而言，职业是日常生活的重要内容，是我们生存的手段，更是我们实现人生价值的场域。我们在职业生活中达到的最高审美境界就是这种既“入乎其内”，又“出乎其外”的人生状态。

所谓职业审美的“入乎其内”，就是要真正把职业内化为生活的一部分，使其与我们的生活融为一个有机的整体。职业审美的“出乎其外”指的是既要爱职业、重职业，又不能唯职业。职业对于人生来讲只是一个过程，绝不是终极目标。

（标题为编者所拟，原题《职业审美形态与职业生活》，文章有删节，选自《光明日报》2015年10月3日）

少年马克思

12岁那年，马克思进入特里尔中学学习。

中学的学习课程范围是广泛的，但马克思并不觉得吃力。他天资聪颖，领会力强，能够轻松地掌握课程中最难懂的地方。尤其与众不同的是，他很早就表现出富有独立思考能力和创造性的特质。

马克思不光在学校里受到了良好教育，在校外也幸运地得到了名师指导。路德维希·冯·威斯特华伦（老威斯特华伦）对他的影响特别大。

老威斯特华伦是政府高级官员，又是贵族，但全然没有贵族的不良习气。他思想开明，具有很高的文学修养。他能够轻松地用希腊文、拉丁文、法文、意大利文等文字阅读，英语讲得和德语一样流利。他对各国文学大师的作品都很熟悉，其中特别喜爱莎士比亚，能够大段大段地用英语背诵这位名作家的剧本。老威斯特华伦以他的渊博睿智，很早就发现了少年马克思身上的才华。他喜爱这个聪明的孩子，常带他到城外的小山丘上去散步，给他背诵古代和近代作家的作品。也就是在这时，马克思开始了对莎士比亚的终生热爱。少年马克思真诚地把老威斯特华伦看作是自己的导师，像尊敬父亲一样尊敬他。

那个年代的政治事件和社会变迁，也给少年马克思留下了深刻印象。他每天上学都要走很长一段路，要穿过简陋拥挤的贫民区。在那里，贫民们的生活和他平时见惯了的富裕文雅的“上层”生活形成强烈对照。马克思带着复杂的心情到老威斯特华伦那里去求教：这是怎么回事呢？老威斯特华伦很难给马克思满意的答复，但却使他第一次听说了一个名字：法国空想社会主义大师圣西门。

少年时代飞一样地过去了。1835年9月，17岁的马克思中学毕业。在他的毕业证书上，考试委员会所做的鉴定认为，他资质良好，学习勤勉，各门功课都令人满意。

马克思的宗教作文、德语作文和拉丁语作

文都获得了相当不错的评价。特别是他的德语作文，是由校长维登巴赫亲自评阅的。维登巴赫对这篇作文十分赞赏，给予了“思想丰富、布局合理、条理分明”“相当好”的称赞。这篇作文的题目正是《青年在选择职业时的考虑》。

马克思这篇文章中所体现的思想，表明这位17岁的少年在启蒙学者人道主义的影响下，已经树立了崇高的志向。他反对从自私自利的角度出发去选择职业，认为择业的目标应当是为了“人类的幸福和我们自身的完美”。

马克思终生遵循了自己少年时代的诺言，他后来历尽坎坷、遍尝艰辛，但一旦选定了他所确认的“最能为人类福利而劳动的职业”，就再没有任何力量能够迫使他放弃了。

（标题为编者所拟，原题《一个少年的志向》，作者张光明、罗传芳，文章有删改，选自《马克思传》，天地出版社，2018年1月）

让美洲发现自己

◎ [乌拉]爱德华多·加莱亚诺

爱德华多·加莱亚诺（1940—2015），小说家、散文家。其著作多以拉丁美洲的社会反思和历史批判为主，被称为“拉丁美洲的声音”。有感于西方世界数百年的偏见，加莱亚诺写下此文，呼吁人们尊重美洲大陆原始的历史与文化。

历史从一开始就被误解了。哥伦布一直到死都确信他到达的地方是日本，是中国海岸。当他知道他来到了一块欧洲人不知道的陆地时，他便把这个意外的收获称为“发现”。

从此以后，印第安人就一直被判为终身有罪，在哥伦布首次登上美洲的海滩后，仅仅过了四年，他兄弟巴尔多洛梅便在海地动用火刑。六个印第安人被活活烧死，罪名是亵渎神明。说他们犯了亵渎神明罪，是因为他们挖坟埋过耶稣基督和圣母的神像。但是他们之所以埋葬神像，是为了使下了种的土地更加肥沃，并没有任何作孽或犯罪的想法。

1492年，美洲被入侵，而不是被发现。其明显的证明是，公元前218年，西班牙被古罗马军团入侵，而不是被其发现。但是此外，还应该肯定，美洲不是在1492年被发现的，因为入侵美洲的人还不善于或者说还不可能“看见它”。

帝国的任何举动，从前的也好，现在的也好，都不能发现。抢夺和掳掠的冒险都不能发现，而只会掩盖。不会揭示，而只会掩饰。为了能够发现，需要有把专横变成法律的受约束的思想。

现在是让美洲自己发现自己的时候了。这种必要的发现，这种对面具后面的面孔的揭示，需要有一个恢复我们的某些最古老的传统的过程。必须从希望出发，而不是从怀念出发，恢复以互助为基础而不是以贪婪为基础的共同生产与生活的方式，恢复人和大自然之间的和谐一致的关系和古老的自由习性。我认为最好的办法是纪念印第安人，纪念最早的美洲人。从北极到火地岛，他们果敢地穿过一系列毁灭性的战役，维持着他们的一致和联系的生动有力。即使在今天，他们仍然对全美洲而不只是我们拉丁美洲贡献着记忆和预言的最基本最关键的内容：提供关于过去的证明材料，同时燃烧着照亮道路的灯火。

我不属于那类因为传统是传统才信任传统的人，我只信任增强了人的自由的继承物，而不相信把人的自由监禁起来的继承物。当我提到在过去帮助我们找到回答现代的挑战的久远的声音时，我不是主张恢复把人的心脏奉献给诸神的献祭仪式，也并非赞颂印加和阿兹特克国王的专制统治。

与此相反，我希望美洲能够在它最古老的源泉里找到它最年轻的生机。过去的事情对未来是有意义的。如果真正的印第安人、活着的印第安人依然体现的价值仅仅是考古的价值的话，他们就不再是残酷的压迫的对象，热衷于让他们脱离阶级斗争和人民的自由运动的权力支配者也就不存在了。今天，征服活动仍在持续，印第安人仍在承受着共居、放纵和其他无礼行为的罪行。

（译者不详，文章有删节，选自《20世纪外国散文经典》，北京师范大学出版社，2004年1月）

千秋评说

文明的实质，就法律哲学意义而言，是人类知识的最大可能的发展，以及人类对自然的最大可能的控制。（[德]柯勒）

发现进化的规律是人类文明成熟的标志。具有理解力的生命能够领悟自身存在的道理才算成熟的生命。因此如果宇宙空间还有比人类更高级的生物的话，一旦他们莅临地球访问，为了估价人类的文明水平，他们提出的第一个问题也将是："地球上的人是否发现了进化规律？"（[美]爱德华·威尔逊）

承认其他文化之美

◎ [加]韦德·戴维斯

高伟豪　译

我们的生活方式在很多方面都很鼓舞人，但却不是人类潜能的完美模范。一旦我们戴上人类学的眼镜，可能会发现所有文化都有独一无二的特质，都反映出许多世代以来人们所做出的选择。人类的生活和命运很明显没有一体适用的发展模型。如果社会是以科技能力作为评比标准，西方科学实验的光芒四射与出色高超，无疑稳居龙头。但如果评比标准转变成用真正永续的方式让生命茁壮繁荣，或是对地球真正的崇敬与欣赏，那西方的典范就会败下阵来。如果说最能驱动人类热情的是信仰的力量、精神直觉的能力、能够包容各种宗教憧憬，那我们那些武断的教条会再次不符合标准。

把自己定义的现代性当作所有人类社会必然的命运，是非常狡猾的。的确，西方发展的模型已经在很多地方发生重大失败，因为这奠基在谬误的前提上：假设所有遵循这个指令的人都会逐渐达到少数西方国家所享有的物质繁荣。即便这有可能发生，也不一定确实值得追求。要把全世界的能源和物质消费提高到西方国家的水平，以目前的人口预测，到了2100年将需要四颗地球的资源。

这些跟传统切断联结的人，绝大多数的命运都不是获得西方的繁荣，而是加入众多城市穷人的行列，被困在脏乱中勉强糊口。当文化凋零枯萎之后，人们依旧活着，却成了过去的幽灵，陷入两难，无法回到过去，却也没有真正的机会一圆赶上西方的梦想，既无法实践他们效尤的价值，也不能创造他们渴望的财富。这制造出一种危在旦夕的处境。因此，多元文化的困境不仅牵涉到怀旧或人权，更是地缘政治稳定和生存的严肃议题。

文化不是微不足道的。文化不是装饰或艺术

品，也不是我们唱的歌，或我们吟诵的祈祷文。文化是一张舒适的毛毯，赋予生命意义，也是一套完整的知识，让个人能够从无穷无尽的生命经验中寻找价值，并在不具意义与秩序的宇宙中创造属于自身的意义与秩序。文化是大量的定律与传统，是道德伦理规范，能将人们与野蛮之心隔离开来，而历史显示，野蛮之心就只是在全人类社会乃至全人类的表面下方。如同林肯所说，单凭文化，就能使我们触及天性较美好的那一面。

（文章有删节，选自《生命的寻路人：古老智慧对现代生命困境的回应》，北京联合出版公司，2014年11月）

多读一点

加莱亚诺：拉丁美洲的性情与良心

加莱亚诺1940年9月3日出生于乌拉圭，14岁就投身新闻事业，其记者身份对他日后的文学风格影响至深，他的大部分作品都是以短小精悍、带有新闻体特色的文章组成。他曾借《镜子》一书就自己的创作风格如是说：“这个庞大的马赛克式的书中每一个片段都基于坚实的文献资料。书中讲述的一切都是已经发生过的事情，只是我以我的风格和方式来讲述。”正如马赛克壁画一样，加莱亚诺非常注重对细节的把控，把那些生活的所见、民间的耳闻、历史的记载杂糅于一体，每一个故事寥寥百字到千字，更像某种片断。比如《拥抱之书》就是由191篇作品组成，随后的《时间之口》上升到了333篇，而《镜子》更是多达600余篇。它们各自独立成章，文体不一，有叙述性的故事，也有评论性的针砭，有历史性的回望，也有寓言式的解构，但是它们的共同之处在于都是时间与历史的碎片。阅读加莱亚诺，或许你需要一种能力，就是把绘画里的留白用电影里的旁白自行填补，这样才能看到马赛克的全景。

所谓马赛克的全景就是始终萦绕在加莱亚诺作品里的那份对拉丁美洲炽热的情感。像很多拉美作家一样，作为左派的加莱亚诺曾先后流亡于阿根廷和西班牙，所以他年轻时曾以激荡的情怀创作出了令一代年轻人为之动容的《拉丁美洲被切开的血管》。在这部作品中，他以拉美这片土地上广大民众的视角，饱含激情地直陈后殖民体系下的资本罪恶，国内利益群体与欧洲资本主义的共谋，最终造成了劳动力的廉价、资源的流失及垃圾的倾销。他们拿走了黄金白银，倾倒下废铜烂铁，就像该书的标题所指，“地球的富有造成人类的贫困”，而“发展是遇难者多于航行者的航行”。

《拉丁美洲被切开的血管》成书于1971年，国内之后可见的加莱亚诺较早期的中译本作品是1982年开始陆续出版的系列作品《火的记忆》。从此之后，加莱亚诺的作品几乎都呈现出极其相同的特质，短小的篇幅，从几十字到几百字不等，但实质上作品各自独立成章，寥寥数语的讲述，并没有那么鲜明的主题差异，大多数是对历史和人性的反思与诘问。加莱亚诺用他特有的思维嗅觉，以凝练的文字捕捉思想的维度，达到意犹未尽或意在言外的效果。

这些充满深意和哲思的短篇是加莱亚诺最具特色，也最出色的作品，它不仅揭示了另一种“真相”，还拓宽了读者的思维空间。当然，除了这些修正历史的作品外，加莱亚诺还在《火的记忆》三部曲中试图记忆历史。这是一部颇具野心的“多声部”作品，它在大量文献考证的基础上，糅合了诗歌、传说、神话等多重表现手法，用编年体的形式再现了从哥伦布发现美洲大陆到1700年后，两个多世纪以来这片土地上鲜为人知的历史。就某种意义而言，它可以被称为一部真正属于美洲人民的史书，一本辞典式的史书，这难免又回归到了加莱亚诺的风格，它将再次挑战你的阅读记忆，不过它也会为你还原被扭曲的镜像，并带你找到拉美魔幻神秘色彩的源头。

（作者张艾茵，文章有删节，选自《晶报》2015年5月3日）

琅琊山游记

◎ 方令孺

方令孺（1897—1976），作家、诗人。她的散文清秀俊逸，闪烁着睿智的沉思，充盈着诗画的意境。选文为1936年方令孺与丁玲到琅琊山春游时所记。

琅琊山的得名是在东晋的时候。王禹偁留题琅琊诗注说："东晋元帝初为琅琊王，渡江尝驻此山，故溪山皆有琅琊之称，未知东晋以前何名也。"现在来逛滁州的人都震于醉翁亭的大名，其实琅琊山中的风景，只有比醉翁丰乐二亭胜。我们来的时候，虽说仍是山空木瘦，涧涸泉干，仍留残冬的景象；但有满树杏花，满地野花，千红万紫确又是春天，在这高岩深壑的琅琊山中，确有异样的趣味。所以不愿像别的游客，一望就走，愿意细细地探寻，把山水的神味像饮泉水一样浸到心上去。

下午有一位裳宽和尚引导我们游山。从佛殿右手祇园走过去。祇园是一座花木繁盛的花园。和尚指给我们看树底下从山中移植来的山兰花，小小的一棵草靠着树根，一枝短短的兰花正在开放，我们鱼贯走到树下，一个个俯身去嗅，裳宽和尚看着发出怪异的眼光，问:“到庙里来不见拜佛，却见拜花，这是什么缘故?”悟经堂就在这园里，经堂的右边有一片竹林，绕过竹林就是上山的路。路的一边是峭壁，壁上有几百年的榆树，根盘结在石壁上，古拙可爱。裳宽说达修大和尚预备把石壁铲平，以备名人题诗刻字。这真是骇人的话！后来我们劝达修大和尚千万不要那样做，那简直是残忍，毁灭天然也是罪过。不知道他心上可像口头一样应许了我们，说，绝不动。

我们先看雪鸿洞，有仇维桢题名刻石。洞门低低的，走进去却很深奥。明万历年间有寺丞宋大斗在这儿研《易》。里面有两个石碑，外面一个刻着“丙子面壁处”，没有题名。今年也是丙子，前几十年或几百年在此面壁的人是谁呢？再里面有一座丈余高的大碑，上刻“南无释迦牟尼佛”斗样大的字。和尚说，相传这是赵匡胤写的，不知是不是。洞门上也有一棵古榆树，根像蟒蛇一样盘在壁上。

再上去百余步是归云洞。洞口有危石横亘，像要坠落下来的样子，我低着头，弯着腰才能走进去。里面石罅离立，像用斧头划开，天光从上面漏下来，正射在两个大碑上。碑是宋治平年间杜符卿题诗刻石，字径八寸，洞口“归云”两字，款署双溪。

（文章有删节，选自《方令孺散文选集》，上海文艺出版社，1982年8月）

读民俗

【春翻田】惊蛰期间，北方的小麦已开始返青拔节，农民在田间忙着清沟理墒，育苗施肥，防治病虫草害，播种棉花和玉米。农谚云：“惊蛰春翻田，胜上一道粪。”可见惊蛰期间的主要农事是春翻、施肥以及灭虫。

春雨

◎ [美]约翰·厄普代克

欧阳昱 译

约翰·厄普代克（1932—2009），诗人、小说家、文学批评家，曾两获普利策奖，被誉为美国“最后一位真正的文人”。选文试图“在庸常的事物中发现美丽”，以独特的视角描绘了春雨中的都市景象。

那天，好像经不住这么多雨衣的三请四催，雨真的下下来了。我们冒雨出了门，也就是说，我们穿过几条走廊，坐电梯顺升降机井而下，进入一条更宽敞的走廊，它的名字叫第四十四大道，它的天花板——谁肯瞧一眼的话——是由那种雾气弥漫、令人心旷神怡的半透明体构成的，老话把它叫作苍空。

今天，苍空好似一把把小楔子，参差不齐地插在高楼大厦的顶缘之间，显得心事重重，闷闷不乐。大楼楼顶形成的夹缝中，悄无声息地镶嵌着雨水。这是一场二级小雨，飞快的雨珠从大门罩、招牌、太平梯口、墙壁凸起处噼里啪啦地滚落下来。马路上，柏油路面掀去了冬雪的覆盖，宛如一床睡过的床单，皱皱巴巴，凹凸不平，路上水花激溅，水流纵横，水花和水花，水流和水流，仿佛在展开一场难分难解的辩论。

水看上去是黑的，其实并不脏，我们怀着只为这类场合准备的明确无疑、合乎句法的心情，不觉浮想联翩，水是怎样在旅途中从纯洁走向纯洁的哟！水坑、水槽和阴沟只是她暂时的栖身之所，她是云雨偶降人间的凡体，不过遭受片刻的羁绊和窘迫，便将重新腾云驾雾，获得新生。你把她泼洒在街上，与糖纸混搅在一起，听任出租车轮从中飞溅而过，她也不会失其贞洁，而永远是一个处子，一个贵妇。

建筑物表面的色泽晦暗下来，人家窗里的灯光好像不仅在燃烧，而且还吐出红红的火苗了。雨点又猝然而下，砸在我们脑袋上，就在它落下来之前的一刹那，空气中似乎充满了绵软的、浑圆的动感，同时夹杂着无声的喊叫："快跑！"路人纷纷跑去躲雨。第五街转眼之间成了一片从事冒险活动的浪漫而原始的场所。我们冒着大雨，跑到芬奇里都铎连拱廊那形如洞穴的大门边，它的红色地板一直铺到室外，上面栽着塑料橘树，摆着加利福尼亚的运动夹克。

正如米罗的油画，油布上色彩纷呈，千姿百态，一个个卵形、椭圆体，一颗颗利马蚕豆飘来荡去，纽约城也在轻轻挥动干燥的画笔，在湿淋淋的背景上，点染出一片密密匝匝、游移无定的光斑。这时，雨势更加猛烈了。弗莱德·F.弗伦奇大楼沿砖缝呈现出一道道铁青色的痕迹，整个画面好像被榨干了，只剩下一堆花岗岩的岩髓，活脱脱一个现代城市的缩影。一个世纪之前，面对此情此景，我们也许会快乐得流下泪。

（文章有删节，选自《世界文学》2017年第5期）

铁匠

◎ 刘半农

刘半农（1891—1934），诗人，新文化运动先驱。著有诗集《扬鞭集》等。他感受敏锐，善于捕捉生活中的诗意，选诗生动地描写了铁匠打铁时的劳动场面，勾勒出一位粗犷、刚健的劳动者形象。

叮当！叮当！
清脆的打铁声，
激动夜间沉默的空气。
小门里时时闪出红光，
愈显得外间黑漆漆的。

我从门前经过，
看见门里的铁匠。
叮当！叮当！
他锤子一下一上，
砧上的铁，
闪着血也似的光，
照见他额上淋淋的汗，

和他裸着的，宽阔的胸膛。

我走得远了，
还隐隐地听见
叮当！叮当！
朋友，
你该留心着这声音，
它永远地在沉沉的自然界中激荡。
你若回头过去，
还可以看见几点火花，
飞射在漆黑的地上。

（选自《百年新诗选》，生活 · 读书 · 新知三联书店，2015年7月）

读民俗

【除虫】农谚云：“春杀一虫，胜过夏杀一千。”鲁东南一带，主妇以炊棍敲锅台，谓之“震虫”；以彩纸、秸草或细秸秆串起来悬于堂屋梁上，谓之“串龙尾”。孙思邈《千金月令》有云：“惊蛰日，取石灰糁门限外，可绝虫蚁。”民间认为，在惊蛰这天，将石灰撒在门槛外，虫蚁一年内都不敢上门。另外，听到第一声春雷时，赶紧把衣服抖一抖，这样可以经年不受虱子、跳蚤的侵扰。

山中的日子

◎［德］赫尔曼·黑塞

欧凡　译

赫尔曼·黑塞（1877—1962），诗人，1946年荣获诺贝尔文学奖。他的诗歌富于音乐节奏和民歌色彩，浪漫气息浓厚，表现出对自然的向往和热爱。

唱吧！我心，你的时辰已临，
明天你将长眠不醒：
星星的璀璨你不再见，
鸟儿的歌唱你不再闻，
唱吧！我心，当你的时辰正炽，
你稍纵即逝的时辰！

雪星上阳光灿然，
山谷间云彩结环，
一切皆新，是热、是光，
没有阴影，没有忧伤。
呼吸使你舒畅，使你欢忭，
是祈祷，是歌篇，

呼吸吧，灵魂，为阳光打开心窗，
莫负你易逝的时光！

生命真甜蜜，甜蜜是乐也是愁，
快乐的是雪花朵朵，
快乐的是我，山川任我剪裁，
享尽大地与阳光的宠爱
至少一个时辰之久，
一个欢笑的时辰，
直至雪花融尽。

唱吧！我心，你的时辰已临，
明天你将长眠不醒：
星星的璀璨你不再见，
鸟儿的歌唱你不再闻，
唱吧！我心，当你的时辰正炽，
你稍纵即逝的时辰！

（选自《裂枝的嘎鸣：黑塞诗选》，人民文学出版社，2018年2月）

《新经典》编选：龙昌黄 朱维 宁宝剑

雨中韶山

雨中的韶山，怎么看都像是一种情怀。

我们就在那雨中行走，走过铜像，走过故居，又走过滴水洞……

走在淅淅沥沥的雨和因雨而生的薄雾之中，整个韶山冲仿佛就沉入了时间之河的底部。很多事物因为缭绕的雾霭而失去清晰的轮廓，而很多细节又都因为雨水的洗涤而显现出更加清晰的纹理。当现实与虚幻的界限在某一个时间节点上被融解、穿越之后，我便无力辨别自己到底是行走在现实之中，还是行走在历史之中。

关于中国，关于中国一代伟大的领导者毛泽东，关于毛泽东的家族，关于曾经存在过、现在仍然以某种形式存在着的往事、故人、故居，以及仍然没有消散的往日的情绪等，都从另一个时空维度里透溢或显露出来，与眼前的雨雾融为一体，在深秋的韶山冲里长久地、浓浓地弥漫。

一切都成为一出戏剧的布景，我们就在这广大的布景之中成为戏剧的一个部分。沿着空间也沿着时间前行的人流，连绵逶迤，如曲曲弯弯的浏阳河，如浩荡北去的湘江水，不论向前看或向后看，一眼都望不到尽头。我们是后来者，又是先行者。

故居的主人们，一定是行在前头，如今却不知道离我们到底有多远，他们似乎和所有排队行在雨中的人一样，已经不再是故居的主人。他们停留，然后离去。我们也和他们一样，停留，然后离去。

在雨中想那些很久以前就离开故居的人，感觉到政治、文化、历史等词汇是那样脆弱而又肤浅，远不及这一场意味深长的雨。因为只有这雨，才能够如一种特殊的介质或透镜一样，把来自时间深处的真相告诉我们，它让我们的心如一片不被尘埃遮掩的秋叶一样，敏感而又清晰。

然而，我们却无意感知和玩味季节的温度与情绪，在那些匆匆流动或固定的风景背后，在那些凝固的文字或闪烁的声像背后，我们感受到了来自那个时代，来自那个时代一个伟大人物内心深处的激情与感动，冲突与渴望。

其实，世间的路有很多都是一去不回头的。一棵树从一粒微小的种子开始，发芽、生长，一直到高可参天。虽然它并没有离开原来的泥土，但从它的第一片叶子发出那一刻起，它便已经告别了大地，一边长高，一边远离，渐行渐远。它的枝干会一直奔向天空，而不是重归泥土，只有到了它最后倒下的时候，才会再一次与泥土重逢。

一个人、一项事业或一场革命，大约也是这样，不管最初从哪里开始，那个起点都只是一个起点，而一旦成为起点就永远成为历史，只能够为未来提供有限的回忆或怀念。星星之火虽然可以燎原，但燎原之后的那点星火，却一定在原来的起点上化为灰烬。

无疑，韶山是毛泽东的起点，也是中国革命的起点。但它不可能成为毛泽东的归宿和中国革命的归宿，它只是时光隧道的一个入口，从那里我们很轻易地就能够进入某段回忆或某段历史。

据记载，毛泽东自从一九二七年秋离开韶山之后，直到一九五九年，阔别三十二年之后才回到韶山。但这时，韶山已经不再是毛泽东唯一的牵挂、唯一的故乡，物是人非，历史已经在漫长的三十二年岁月里完成了一个令人惊叹的置换。

三十二年之后，毛泽东的故乡并不是韶山，而是中国，九百六十万平方公里的土地，到处都是他“现在进行时”的“故园”；韶山也已经不再是他亲人们的居所，他的亲人们已经在长期的革命斗争中一一失去，准确地说，韶山只是他过去亲人们的居所，而他现在的亲人是他的人民，那些逝去的亲人已经通过数十年的时光流转和风云变幻，幻化成了六亿在他思想中生活着的人民，遍及华夏大地。

人民以及与人民相关的一切，也许正是这个领袖人物最后的寄托和依凭。他已经不能够让自己继续失去了，如果这时再失去他的人民，他将成为没有亲人的“孤儿”，他将认为，自己的生命会因此而失去意义。所以，在这个国家里，他的人民能够随时看到他，他和他的人民必须能够相互确认。也就是说，他必须让自己站在最前排的位置，向他的人民招手致意，同时怀着某种激情检阅从长安街汹涌而过的人潮，接受来自于人民的崇敬和拥戴。

也许，这是人世间最令人迷恋和沉醉的互动了！

毛泽东是一个胸有凌云之志的伟人，所以，一般情况下并不会沉迷于小情小景小快乐之中。他一生不贪图美味佳肴，最大的口福也不过是随处可见的红烧肉；他一生不贪图钱财，身上没带过钱，也没有亲自动手数过钱。然而，任何一个人的人生总不会没有一个目标或目的。如果你不在意一砖一瓦的得失，那么你有可能在意一室一屋；如果你不在意一室一屋，那么你就有可能在意一座城池；如果你不在意一座城池，那么你有可能在意一个国家；如果你不在意一个国家或整个世界，那么你就有可能心怀宇宙或志在天堂。滴酒不沾的毛泽东，也许从骨子里并不是不喜欢醉的感觉，他只是不喜欢酒醉人的方式和深度，不喜欢酒醉的短暂和浮躁。

只有他的人民，才是他须臾不可离开的酒。

（标题为编者所拟，原题《雨中的韶山》，作者任林举，文章有删节，选自《他年之想》，中国言实出版社，2018 年 7 月）

马克思故乡特里尔

贯穿欧洲心脏的莱茵河，由南向北蜿蜒伸展在德国的大地上。莱茵河有一条支流，名曰摩泽尔河，摩泽尔河畔坐落着古老的城市特里尔，因为是革命导师马克思的故乡而驰名世界。

摩泽尔河两岸耸立着两个平行的逶迤的山岭。山岭上不时飘逸着乳白色的云纱。摩泽尔河水沿着幽深、迷人的山谷静静地流淌。那碧清的河水，泛起花纹般的微波，轻涛拍岸，别有一番风韵。

摩泽尔河沿岸有许多酿造葡萄酒的城市，特里尔就是其中的一个。在马克思诞生的1818年，特里尔虽然只有11400人，但葡萄酒的生产规模已赫赫有名。由于葡萄酒的价格节节跌落，高利贷剥削严重，苛捐杂税多如牛毛，当地农民不堪重负，水深火热。关心群众疾苦的青年马克思，经常深入农民家中调查研究，试图揭示造成贫困的原因。后来，他专门在《莱茵报》上发表文章，揭露摩泽尔河葡萄农遭受的种种压迫和剥削。一百多年过去了，摩泽尔河畔的葡萄农的境况已经发生了很大的变化，但他们在种植、收获葡萄以及酿造葡萄酒的过程中所付出的艰辛劳动，依然让人难以忘怀。

虽然时值落叶缤纷的深秋季节，但整个特里尔小城仍然被四周的苍翠所笼罩。听说它曾经有着显赫的历史，是罗马帝国的一座重镇。城市建筑和布局别具一格，具有浓郁的罗马文化的特色。

特里尔距离法国边界不远，早在1世纪中

叶，罗马帝国在这里筑城，至今完好无损地保留下来的石桥、浴室、竞技场、城门，就是那个遥远时代的回响。这些“凝固的音乐”，仿佛无时无刻不在向后人传递着当年那古老的气息。这些建筑，历经千年的风雨侵蚀，依然气势惊人，尤其是已经成为城市地标的古城门及斑驳陆离的老城墙，威风凛凛，诉说着昔日的辉煌与荣光。

当地人自豪地宣称：“在特里尔步行两公里，就可以具体领略这座古城两千年的风华。”诚哉斯言，的确如此。这座人口不过区区10万的小城，仅现存的建筑景观和文化遗产，就足以涵盖欧洲纪元之后的完整历史。

特里尔虽然经过工业革命的洗礼，在它的四周已经布满了现代化的大工厂和纵横交错的立交桥，但是，当年的神韵没有多少改变。那些代表古代历史文化的建筑仍遍布城中，就连那些不及两寸宽的铺路花岗石，因足履杂沓，被磨得很光滑了，却始终没有改铺成柏油路或水泥路，加上那黑色的城墙，灰色的塑像，铜制的街灯，处处流露出难以掩饰的古意。据说，特里尔是当今世界上除了罗马以外保存古罗马遗迹最多的地方。

比比皆是的古风古韵，触目所及的文物古迹，营造了不同凡响的历史氛围。这样的历史名城，这样的文化土壤，诞生出马克思这样的伟大人物，并不令人感到意外。

来到特里尔，有一处地方，不能不去，那就是马克思故居。

马克思故居，坐落在布吕肯街10号。这是一幢临街的普通小楼，淡黄的墙体，棕色的门楣和窗沿，乳白色的窗扉，是莱茵地区常见的建筑。

在德国各处参观，只有这里，我们才体会到一种没有隔膜的亲切。在形形色色的博物馆、纪念馆中，很少有中文版的说明书，而在这里，却备有简体和繁体两个版本的中文说明书。显然，中国人是这里的常客。

摩泽尔河从远处流来，又向远处流去。遥想19世纪的特里尔，它肯定不如今天繁荣。当年，年轻的马克思，走出工业区，走出烟囱林立的黑森林，发现了剩余价值，使世界柳暗花明。而一百多年后，当年工业区浓浓的烟雾和煤灰不见了，摩泽尔河碧波荡漾，水质清新。资本主义依靠科学技术获得巨额利润，生产关系通过生产力的发展自我调整，发达国家工人阶级极端贫困化现象发生了重大变化。许多国家用自己的行为方式诠释着马克思主义，社会主义出现了多种模式，也出现了各种问题。但是马克思一百多年前关于社会主义的结论无疑是正确的，马克思主义活的灵魂，具体情况具体分析，仍然像摩泽尔河一样充满了活力。

（标题为编者所拟，原题《马克思的故乡特里尔》，作者陆安，文章有删节，选自《并不遥远的德意志：文化视域中的社会嬗变》，湖南文艺出版社，2012年5月）

读民俗

【“吃虫”】在陕西、甘肃、江苏、山东等地，人们把黄豆、芝麻之类放在锅里翻炒，噼里啪啦，谓之“爆龙眼”，以求风调雨顺，而后男女老少争抢炒熟的黄豆吃掉，谓之“吃虫”，意喻人畜无病，庄稼无害。在福建长汀，人们煮带皮的芋子，以芋子象征毛虫，吃芋子寓意除百虫。山东一带则流行在天井里擀饼烧鏊子，意思是通过烟熏火燎除去家中的虫害。

《边走边读》编选：朱维 宁宝剑

《恩格斯〈反杜林论〉导读》

作为马克思主义经典著作之一，《反杜林论》对马克思主义理论体系的三个组成部分——马克思主义哲学、马克思主义政治经济学和科学社会主义，做了首次较为全面的正面阐述，被誉为“马克思主义的百科全书”。本书中，中国社会科学院哲学研究所副研究员杨洪源充分依托文本学研究方法，以诉诸思想比较的方式来呈现《反杜林论》的深邃性和超越性，并在此基础上阐释它的思想史价值与实践意义。

当人们运用思维能力对自然界、人类社会和精神活动进行考察时，首先呈现出来的是一切事物相互联系和相互作用的交织场景，其中的任何东西都在运动和变化、产生和消失。恩格斯认为，这种原始的和朴素的但实质上正确的辩证法思想，可以追溯到古希腊时期。但原始朴素的辩证法思想不可避免地带有一定的局限性，它固然揭示出万事万物所构成的整体联系的现象及其一般性质，却没有对具体事物加以详细说明。把具体事物从自然的或历史的联系中抽出来，分别研究它们的特性、原因和结果等，这首先是自然科学和历史学的任务。

真正意义上的自然科学肇始于15世纪中叶，其巨大进步意义在于，将自然界的有机体分解为各个部分，对各种自然对象和自然过程做分门别类的研究。但与此同时，这种做法也带来了过犹不及的后果：从孤立的、静止的、不变的观点，去考察各个自然物和自然过程。随着这种考察方式被移植到哲学而转变为经验论方法，就形成了影响欧洲思想界数世纪的形而上学思维方式。恩格斯指出，形而上学思维方式的典型特征为非此即彼，换句话说，一个事物要么存在，要么就不存在，更不能同时是自身又是别的东西。表面看来，这种思维方式非常符合常识因而极具可信性，并且可以适用于相当广泛的、大小不同的领域。实际上，它一旦超过适用范围就会变得片面、狭隘、抽象，乃至陷入不能解决的矛盾中。其所以如此，是因为只见到区别、存在、静止、局部，而不见联系、变化、运动、整体。

自然界是检验辩证法的“试金石”。现代自然科学的发展所提供的丰富材料，充分佐证了自然界的一切归根结底是辩证地发生的。为了精确地描述客观世界和人类社会的发展，获得相关的正确认识，辩证法取代形而上学思维方式是必然的趋势，其主要产物即为德国古典哲学。在恩格斯看来，康德所提出的星云假说中对斥力与引力之间相互作用的描述，实属辩证法的典型表现；黑格尔哲学的最大遗产则在于辩证的思维方式，也就是将整个自然的、历史的、精神的世界描述为一个不断运动、变化和发展的过程，并试图揭示这个过程的内在联系。然而，黑格尔哲学却由于颠倒了观念与现实的关系而陷入自相矛盾，最终成为哲学体系建构的一次巨大的、最后的流产。

（摘自杨洪源《恩格斯〈反杜林论〉导读》，人民出版社）

《怀人说史》

原中共中央文献研究室主任、党史专家逄先知长期从事毛泽东生平和思想研究，曾参加《毛泽东选集》《邓小平文选》等编辑工作。在本书中，他以亲身经历和档案资料为依据，客观呈现了田家英、胡乔木、胡绳等党内高级知识分子的工作作风和道德品质，叙述平实，感情真挚。

毛泽东对各界来信，特别是工人、农民反映和要求解决问题的来信，看得特别重要。1951年8月27日和8月31日，北京石景山发电厂和石景山钢铁厂分别写信给毛，反映当时厂内工资不合理的状况并提出解决的建议。办信的同志压了几天，未将这两封来信及时反映上去。毛知道后，发了大脾气，说："共产党员不为工人阶级办事，还算什么共产党员！"批评得非常严厉。田家英代人受过，承担了责任，做了检讨。毛看了这两封来信，即于9月12日分别写了回信，其中一封现已收入《毛泽东书信选集》。从收到来信到回信，不到半个月。毛泽东全心全意为工人阶级谋利益的精神固然使我钦佩不已，田家英代人受过的品德也深深地感动了我。

还有一件事，也使我很受感动。

1950年夏，安徽、河南交界连降大雨，淮北地区受灾惨重，为百年所未有。田家英对我们说，在批阅淮北灾情一些报告的时候，看到一份电报里说，有些灾民，因躲水不及，爬到树上，有的被毒蛇咬死，毛主席落了眼泪。田家英讲的时候，我看他也快要落泪了。这件事给我的印象很深，事隔近四十年，还清晰地留在我的记忆里。最近，我查到了当年毛泽东批阅的这份电报，其中说："由于水势凶猛，来不及逃走，或攀登树上，失足坠水（有在树上被毒蛇咬死者），或船小浪大，翻船而死者，统计四百八十九人。"在"被毒蛇咬死者""统计四百八十九人"两处，都有毛画的表示着重的横线。从1950年7月20日到8月31日，毛泽东连批三份关于淮北灾情的报告给周恩来总理，提出根治淮河。当时，建国伊始，经济还很困难，他为了解救人民，自然也是为了发展经济，下决心根治淮河，这是一件大事。这项水利工程的建设成功，对减轻以至消除淮河流域的水涝灾害起了巨大作用。毛泽东对劳动人民的深厚感情和解除民间疾苦的决心，深深地印在我年轻的心灵里，那年我刚刚二十出头。

（摘自逢先知《怀人说史》，生活·读书·新知三联书店）

《瓦下听风》

彭家河，作家，曾获四川文学奖、孙犁散文奖等。《瓦下听风》是一部乡土题材的散文集，作者通过细致入微的观察，用从容的笔触描写具有乡村特色的人事风物，讲述浸透着乡土风情的农村故事，展示了城市化进程中乡村的变化，表达了在城市漂泊的游子对家乡的感恩和对家乡割舍不断的情缘。

瓦是乡村的外衣。

当再次提起瓦的时候，我已远在他乡。多年没有回老家那个小山村，想起故乡，眼前还是当年离开时的景象。绿水青山不见苍老，而我却早生华发。

在川北延绵而舒缓的群山中，村落就像灌木丛，一簇一簇地分布其间。远远望去，几处灰白的墙壁和青黑的瓦顶在墨绿的草木间若隐若现，仿佛被弯曲的山路串起的葫芦挂在重峦之中。早年经常在深山中负重前行，窄窄的山路总不见头，有时要找一块歇脚的石头都非常困难。我在上初中时，每隔几周的周末就要与父亲一道从周边剑阁或阆中的乡场上背小百货回村代销。有次父亲特地称了我背的货物，居然有一百八十斤，我怀疑我小腿粗壮就是从小经常背货和庄稼造成的。在山路上走得精疲力竭快要倒下时，转过一个山弯，突现一片竹林，便心头暗喜。川北农家都喜欢在屋后栽慈竹，主要是能就地取材编背篼、撮箕、席子等。果然，浓密的竹叶间透出一行行落满竹叶长着瓦松的青瓦，看到瓦缝间飘散着绺绺灰白的炊烟，顿时就有到家的感觉。不管主人熟不熟识，暑天都可以到人家檐下歇凉，雨天可过去躲雨，如果正好赶上吃饭的时间，主人家自然也不会在乎一碗酸菜红苕稀饭。所以，看到了瓦，也就看到了家，心里就踏实了。

在乡下时，盯着瓦顶发呆的时候也不少。早年乡下没有通电，也没有多少书看，特别又是在感冒生病后，能做的一件事就是躺在床上数檩子、椽子和亮瓦。川北多柏树，檩子都是去皮略粗打整过的小柏树，椽子则是柏木板，年辰一久，灰尘和油烟就把檩子、椽子染成与老瓦一样的黑色。在漆黑的房顶上，只有几片亮瓦可以透些光亮进来，不过瓦上的落叶和瓦下的蛛网又让光线变得昏暗。亮瓦是玻璃制成的，能透光，却看不到瓦外的天空以及树木。

（摘自彭家河《瓦下听风》，广西师范大学出版社）

《书香》编选：龙昌黄

旦角之美：形式与内蕴

戏曲舞台上最让人心动、怜惜的行当非旦角莫属，心动于其绝世美貌，怜惜于其红颜薄命。要在舞台上塑造好古代女子形象，必得内外兼修，表里如一，方能呈现出旦角的神韵之美。

旦角表演和其他行当表演一样是建立在既有的科介表演之上的，运用好这些程式化的表演，是戏曲扮演人物的基础。程式动作是前人总结的具有规律性的舞台表现方式，是相对固定不变的，可传承，易学习，它体现了戏曲的基本表演特征和风格。以旦角中的闺门旦为例，在行当的划分中已规定了她的身份、年龄、性别和婚姻状态，其实也大体规定了她的舞台上的外在形象。科介中的身段、站姿、手势以及与此相关的脚步移动、转身亮相、云手甩袖等等，自然要体现出闺门旦的内敛、淑静、文雅的气质。科介越丰富，由动作表达出的心理意绪也自然越丰富多彩，旦角中的手指造型便充分证明了这一点，女性的柔美通过双手的兰花指组合和其运动造型表现得淋漓尽致。

随着戏曲的发展，许多的旦角表演都加上了水袖的表演，成为一项专门的基本功，称之为“水袖功”。水袖表演本身是一项有难度的技能，舞台上成功的水袖表演可以展示戏曲的技能魅力，呈现出一种别样的风貌。

旦角舞台上的外在形象取决于她的化妆、头饰、服装等，扮相美丽与否是外在形象的首要因素；而人物的气质神韵则取决于她的手、眼、身、法、步的表演，具体表现为唱、念、做、打（舞）是否准确、细腻，是否传达出女性的心理活动和情感意绪。

戏曲表演的每一个程式动作都是一个“有意味的形式”，在具体运用时需要根据不同的人物身份、性格、心理以及剧情的发展进行选择、组合，并根据人物心理节奏的变化进行相应的表演节奏变化。或者说，演员要将体会到的人物情感意绪注入到“有意味的形式”中去，从而激活这个形式，使之为塑造人物服务。同样是旦角的行路表演，除了应当根据路途的长短、路况的不同做出各种不同的虚拟表演，还应当根据此时此刻人物的心情调整脚下的步伐和手势的节奏，或蝶步，或碎步，或舒缓，或疾速，实际上都是依据心理变化而调整的。

当然，旦角表演并不是只限于正旦和青衣的，花旦、武旦等也各有不同的科介和程式动作可依，呈现出不同的艺术风采，但都应当做到神形兼备，让有意味的表演形式充盈着变化无穷的心理内容。如此，舞台上的旦角之美就不会流于浮浅、空洞，不会是外表光鲜的绣花枕头，而是外秀内慧、“腹有读书气自华”的活生生的古代丽人。

（作者祝洪波，文章有删节，选自《福建艺术》2019 年第 6 期）

《艺术欣赏》编选：朱维 宁宝剑

图书在版编目（CIP）数据

读有所得 . 123/《读有所得》编辑部编 . —长沙 ：
湖南文艺出版社，2021. 6
ISBN 978-7-5726-0221-4

Ⅰ . ①读… Ⅱ . ①读… Ⅲ . ①社会科学－通俗读物 Ⅳ . ① C49

中国版本图书馆 CIP 数据核字（2021）第 107527 号

读有所得 · 123
Du You Suo De
中共湖南省委宣传部指导
《读有所得》编辑部编

出 版 人：曾赛丰
监　　制：曾昭来
责任编辑：吕苗莉　匡杨乐　谢朗宁
编　　选：龙昌黄　朱维　宁宝剑
责任校对：百愚文化　袁学嘉　张怡
装帧设计：萧睿子
封面绘画：彭俊

湖南文艺出版社出版、发行
（湖南省长沙市雨花区东二环一段 508 号 邮编：410014）
网 址：www.hnwy.net
湖南省新华书店经销　湖南省众鑫印务有限公司

2021 年 6 月第 1 版 第 1 次印刷
开 本：787 mm×1092 mm 1/32
印 张：3.25
字 数：50，000
书 号：ISBN 978-7-5726-0221-4
定 价：10.00 元

《读有所得》编辑部
联系电话　0731-85983069　官方邮箱　duyousuode@sina.com
官方微博　https://weibo.com/duyousuode

本社邮购电话：0731-85983015
若有印装质量问题，请直接与本社出版科联系调换